MADRE DE AGUA

Enán Burgos

ISBN: 979-10-93053-19-6

Para María Josefina Yances Guerra

¡Oh mi corazón se ha vuelto

Infalible cristal sobre el cual

Se imprime la luz!

Hölderlin

SINOPSIS

Por allá en los años 30, durante el viaje que por motivos de salud hicieron a Panamá Andrés Paz Jackson y su esposa Lucía, se enfermó gravemente en Lorica el hijo de diez meses de este matrimonio, Andrés Segundo. Luego de haber recibido un telegrama, los dos esposos ofuscados, rápidamente tomaron un buque hasta Cartagena. Al llegar allí encontraron que la barquetona que salía cada tres días para Montería ya había zarpado. Decidieron entonces contratar los servicios de una barca expresa conducida por cuatro fuertes bogas. Desgraciadamente el tiempo en aquella época de invierno era muy caprichoso, no había brisa y apenas dejaron la bahía de Cartagena la corriente se puso contra ellos. Sin poder izar las velas, los bogas remaban como unos condenados y la pobre Lucía, en su desespero por llegar pronto hasta su hijito y encontrarlo vivo, no cesaba, ante la mirada melancólica de su marido, de implorar la ayuda del cielo.

PERSONAJES

ANDRES PAZ JACKSON, *marido de Lucía.*

LUCIA, *esposa de Andrés y madre de Andrés Segundo.*

ANDRES SEGUNDO, *personaje mudo.*

MADRE DE AGUA.

CORO DE BOGAS

LOKUME, *uno de los bogas.*

CORO DE MEDICOS

PRUDENCIA, *la aya.*

TETERO, *un cachorrito.*

I

CORO DE BOGAS

Un niño se muere, su madre vuelta un quebranto ora y solloza.

Si su hijito desfallece su vida entonces se oscurecerá igualmente.

¡Oh Yemayá! Diosa del mar, pórtate bien, vente con nosotros,

reina en el crepúsculo y lleva a Lucía lo más pronto junto a su crío

ya casi fantasma. Es todo lo que te pedimos que nos des tu

complacencia sin ella para nada sirven las velas, sin tu soplo toda

fuerza es inercia, apresurar los remos nos aleja de la meta

en un movimiento contrario al esparcido por la mar.

Sin embargo ese cielo rojo es un aviso luminoso

que celebra el misterio del oeste.

Maliciosamente y a menudo, el dios Xevioso enfurecido

contra los mortales, en su ceremonia amorosa con las tres diosas:

Oshún, Yasán y Oba, por detrás se esconde y de repente

con un alarido se asoma entre los nubarrones, arrojando

contra los barrancos turbiones de aguas indigestas y perforadoras.

Aquí vamos, pobres bogas, remando y remando en medio de rezos,

apresurados por el dolor de una madre que religiosamente

le implora al cielo para que haya viento.

Pero el cielo no la escucha, pues el mar sigue quieto,

es un mar bobo donde abundan monstruos,

serpientes marinas que se llevan a los embusteros,

a los corruptos y a los envidiosos.

Allá se ve la luna tomando la curva del cielo,

sin que nos demos cuenta nos mira con desprecio.

Si pudiéramos tan siquiera desprenderla, para darle una limpia

y así nos dé puerto.

¡Ay! ¡Brisa piadosa, sácanos de este atolladero!

¡Soplemos! ¡Soplemos todos para que al fin venga el viento!

El sol ha muerto. La noche hecha una armada de luceros.

Tal vez es un sueño de niños pensar que en la oscuridad

anidan las peores violencias.

Todos los horrores tienen su aposento en las entrañas de las

negruras. El Putas, el Hombre-Caimán, el Patetarro, la Cabellona

y la Madre de Agua, la más temida, con cabellera de algas y rizos, sus

ojos de esmeralda hipnotizan a los niños, los enloquecen,

ella los amamanta con su espumosa leche,

flechándoles el corazón con tiernos besos que los zambullen

en un coma letal hasta matarlos sin remedio.

Para nada sirven los consejos de los médicos, al cabo de algunos días,

el muchachito, muy raquítico, desfallece y de su alma, la bruja impía

se apropia, llevándosela hacia lo profundo del remanso.

A menos que... a menos que...

De repente un relámpago corta el crepúsculo en dos, todo se oscurece, se escucha el martilleo de la mareta contra el bote que avanza y se aleja lento, pero muy lentamente. Día siguiente. El mar es un espejo con destellos.

LUCIA

Andrés Segundo, mi chiquitón, por favor no te me mueras. ¿Por qué carajo suceden estas cosas tan horribles? El calor me aprieta, me asfixia, no hay brisa, truena y no llueve. ¿Hasta cuándo soportaré este maldito suplicio? Sin embargo aquí me tienen, toda quemada parecida a una cabuya que se deshace. ¡Soy una madre desesperada! ¡Ay, Santo Cielo, me siento metida en un caldero donde se frita un enredo de lagartijas! ¿Por qué diablos hice yo este viaje hasta Panamá y por qué tuve el antojo de tener otro hijito? Como si no bastara con los tres que ya tengo, capaces en un descuido mío de arrojarse al río. ¡Con lo peligroso que es eso! Recuerdo aún cuando la corriente se llevó al hijo único de Práctico Puche... ¡Ay Virgen del Carmen, aquello fue espantoso! La gente le lanzaba cabuyas y palos, en vano el muchacho se aferraba, aguas abajo lo encontraron unos pescadores unos días más tarde... Cuando arrojaron el trasmallo, al sacarlo se dieron cuenta que habían pescado un cuerpecito aventado, el cadáver de aquel muchachito tan bonito que su madre lloró enloquecida durante varios lustros, hasta morirse de la pena. ¡Ay Jesús Bendito, la misma cosa me va a pasar a mí si se me muere mi Andrecito, ayúdame por favor, te lo ruego con toda mi alma, salva a mi hijito! Padre nuestro que estás en los cielos santificado sea tu nombre libra de todo mal a tu hijo Andrés Segundo que por mi culpa se muere de meningitis. ¿Qué he hecho yo para merecer este castigo?

ANDRES

Lucía, mi veranera florecida, no es tu culpa, es la mía, por favor no digas esas cosas tan macabras.

Con lo supersticiosos que son estos bogas vas a terminar provocando el pánico en ellos.

El muchacho no se va a morir, te lo juro, el doctor Tiberio Galván me lo afirmó en su telegrama, la situación es más o menos delicada, cierto, pero no es para nada alarmante, así me lo dijo el compadre.

LUCIA

A mí no me salgas con esos cuentos Andrés. ¿Si no es grave por qué se fue el compadre de Cartagena para Lorica?

ANDRES

El creyó conveniente ante nuestra ausencia, ya que es el padrino, cumplir con su papel de segundo padre.

LUCIA

¿Me crees acaso pendeja? Él se fue porque el bebecito se está muriendo, yo lo sé, porque siento como un ofuscamiento aquí en mi pecho. Y a mí esta vaina no me la saca nadie de la cabeza.

ANDRES

¡Ay mujer qué terca eres! Te estoy diciendo la purita verdad. Tu nene esta vivito y coleando. Hasta veo desde aquí a la abuela dándole el tetero con la mismita cantaleta de siempre: "¡Ay Virgen del Carmen! ¿Por qué en este mundo hay gente tan mala? Este muchacho ruego al Creador que no salga ni flojo, ni borrachín y menos aún mujeriego como los hombres de por aquí. ¡Que Dios lo salve y lo proteja de la bajeza humana!".

LUCIA

Por favor Andrés cara de golero, acaba ya de una vez de burlarte de mi mamá. Tú sabes muy bien que no estoy de humor para aceptar esas cosas.

ANDRES

Cálmate un poco mi vida. Cálmate que te vas a caer al mar. No te enojes mi lucero, si te hablo así es para que olvides tu preocupación.

LUCIA

¿Olvidar qué? Yo no quiero olvidar nada.

Mi niño se está muriendo y tú como un payaso burlándote de mi mamá. Con todo lo que te hemos querido, nunca has tenido la mínima compasión ni por ella ni por mí. ¡Ay santo cielo, me siento macerada, pegajosa en medio de un mar mañoso que se burla de nosotros sin ninguna piedad, a la merced de unos bogas más lentos que un morrocoy viejo!

¡Me estoy volviendo loca Andrés, loca de remate! Si a estos negros no les da por remar más rápido me los voy a despellejar a fuerza de pellizcos.

ANDRES

¡Qué mujer más deschavetada ésta!

No digas tantas majaderías que no estás en el patio de tu casa. Si estos negros te oyen, este bote ¡Carajo! se va a convertir en un vulgar ring de boxeo, y no olvides que son cuatro contra mí. ¡Así que cállate por favor!

LUCIA

Todo es mi culpa.

Yo sabía que dejar solo a un bebé de diez meses es un pecado que una madre no debe cometer nunca. Un viaje tan lejos, hasta Panamá, y aún más a sabiendas que el crío para alimentarse necesita vivir pegado al seno de su madre. Si a Andrés Segundo le pasa algo horrible no me lo perdonaré jamás. Una madre mala, egoísta, eso es lo que he sido, lo que soy y seré siempre.

ANDRES

No llores más por favor, Lucía, ya con la humedad que aquí reina es bastante ¡Caramba, qué me vas a terminar matando a mí también!

LUCIA

¿Cómo que a mí también? ¿Qué estás insinuando?

ANDRES

Nada, no he insinuado nada...

Tú conoces muy bien lo melancólico que soy, si me pongo mal esta barca del carajo se va a hundir con la carga de mi azoramiento y nos vamos a ahogar todos.

Si eso es lo que buscas continúa lagrimeando y no verás nunca más ni a tu hijo ni a estos negros ni tampoco a mí. ¡No joda! me siento mal de nuevo, Andrés Segundo también es mi hijo. Si nos fuimos para Panamá fue para hacerme un chequeo médico, no ha sido para parrandear, ni para jugar en los casinos o para sinvergüencerías como lo hacen los otros.

LUCIA

¿Sinvergüencerías, de quién hablas tú? ¿Y por qué no respondes?

ANDRES

Te lo advierto, Lucía, no comiences a chismosear como tu mamá. Te traje conmigo porque eres mi mujer y te quiero.

LUCIA

¿Tú si me quieres Andrés?

ANDRES

¿Estás loca acaso? Claro que te quiero. Te amo te adoro te venero, eres mi lucero. Santa Lucía, la constelación de las Siete Cabritas, los dos ojitos verdes que amorosamente titilan en el cielo. ¿Te acuerdas? Para mí eso eres tú, mi vida.

LUCIA

Dime la verdad Andrés. ¿Tienes a otra mujer?

ANDRES

¡Pero qué locura es ésta, el juicio final acaso! ¿Cómo puedes pretender tú que yo tenga otra mujer? Y cómo te atreves a engendrar tremenda idea. ¡Estás deschavetada, por favor!

LUCIA

¡Deschavetada yo, nunca! Soy una mujer, Andrés, y las mujeres presienten cosas que los hombres no pueden sentir. Porque llevamos una pollera puesta por supuesto nos creen majaderas. Pero la verdad es que somos más listas que ustedes. También llevamos enganchada en el vientre la fertilidad, en el corazón la ternura, y aquí en la cabeza una fuerza positiva para todo. En cambio ustedes, los hombres de por aquí, son unas sabandijas cargadas de artimañas, de mentiras y de porquerías.

ANDRES

¡Enhorabuena! Por lo que veo a esta lora, el salitre y el resplandor le han trastornado el coco. Lo que acaba de decir, no tiene ni cola, ni pie, ni cabeza.

LUCIA

Perdóname, Andrés, mi aturdimiento, soy una madre desesperada en medio de un océano de incertidumbres. Dame un beso, mi vida, dame un beso, lo necesita mi corazón.

ANDRES

Tímidamente mirando de reojo a los bogas.

¿Un beso, estás segura, con este calor?

LUCIA

No importa, mi amor, dame un beso que me haga sentirme viva, viva de verdad.

ANDRES

Tímidamente.
Bueno, bueno... con cuidado córrete para acá y agarra la pava para que no se te vaya a volar.

LUCIA

Si se me vuela no importe ¿Para qué un sombrero si ya no tengo cabeza? Me siento atolondrada, espachurrada. Con el paso de los años uno encaja mal los tormentos.

ANDRES

¡Qué años ni qué pan caliente! Tú estás joven todavía. En todo el Valle del Sinú no hay una sola mujer tan frugal y llena de encanto como tú, mi vida.

LUCIA

Por favor, Andrés Paz Jackson, no te burles de mí. Soy un vejestorio y tú lo sabes muy bien. Tanto que te ves más joven que yo.

ANDRES

Más joven que tú, no. Soy un hombre anclado en los años, con múltiples canas ya, viendo venir hacia mí el espectro de...

LUCIA

¡Por favor, Andrés, no pronuncies esa palabra! Dame más bien la mano, mi vida, me siento muy apesadumbrada y creo que hasta tengo jaqueca.

ANDRES

¿Y por qué no te acuestas sobre esos costales, si quieres te preparo un colchón?

LUCIA

No, mi vida, me duele tanto el esqueleto. Me siento como si estuviera aplastada. Todo este ajetreo le mete a uno una aguja de tejer en el encaje de las vértebras. Mi dolor no tiene nombre. ¡Maldito sea este mar injusto, que desde que salimos de Cartagena se le ha dado por exhibir su perniciosa quietud. Tan altanero, sin ceder a nuestros ruegos se ríe de nosotros viéndonos sobre su lomo, tostados y desesperados. ¿Cuánto falta para llegar a Tolú? Hazme un favor, Andrés, dile a esos cuatro matarifes de tiburón que remen más rápido quieres.

ANDRES

No te ofusques mi vida hace un rato que pasamos ya Mocó, de un momento a otro cruzaremos los Boquerones, ruega a Dios que allí el viento nos sea favorable, para llegar lo más pronto a Tolú.

LUCIA

¿A Tolú, todavía más demora, es acaso necesario ir a ese moridero de sardinas? Me opongo inflexiblemente.

ANDRES

No discutas, Lucía, tiene que ser así. ¿Ves las islas allá? Son las de San Bernardo.

LUCIA

No veo nada estoy ciega, ciega de verdad, ¡Ay, mi Andrecito!

ANDRES

Paciencia, mujer, no te tortures más, te prometo que verás muy pronto a tu hijito, con su carita consentida, en medio de un lupanar de estrellas, bullanguero como un fandango hasta el amanecer. Lo tendrás pronto en tus brazos, la inocencia no muere nunca, por el contrario, ella agita siempre su eterno festejo celebrando con infinita alegría su triunfo sobre la crueldad.

LUCIA

No me engatuses, Andrés, sólo veo oscuridad y muerte a mi alrededor...

ANDRES

Lucía, mi luz, no dejes que las sombras te consuman, salte de ese marasmo en el que te encuentras sumergida…
Mira, siente, de nuevo hay brisa, las velas se inflan ¡Volvió la brisa, regresó el viento!

LUCIA

¿Cuál viento, me tomas por una pendeja? Esto de brisa no tiene nada, esto es resaca, eructo del agua.

ANDRES

¿Qué locura dice esta mujer? Va a terminar matándome con su caliginoso fatalismo.

LUCIA

¡Por favor no me hables chino, que tus frases caniculares van acabar conmigo!

ANDRES

Y tus cenizas cantaleteando vendrán a ennegrecer más mi tormento.

LUCIA

Andrés, no comiences con tus complejos raciales. Sabes muy bien que eres un moreno hermoso, por quien las quita marido de Montería y Lorica, el caldero en fuego se desvelan. Lo sé porque las he visto.

ANDRES

¡Caramba, Lucía, por favor no comiences con tus celos de nuevo!
Te he dicho mil veces que no tienes motivos para estar celosa. A mí las mujeres me ensandecen, lo reconozco, si Dios las hizo es para admirarlas pero te juro que entre el mirar y el tocar hay un abismo sin

límites.

LUCIA

Entre el mirar y el tocar como tú dices no hay más que un paso. Tú, Andrés Paz Jackson, eres peor que gato hechicero, con tus ojos verdosos te quedas mirando una mariposa y ésta embobada se viene a meter en tu boca golosa.

ANDRES

Me voy a enojar, Lucía, nada te da el derecho de tratarme de gato hechicero, siempre he sido un hombre correcto, respetuoso de su mujer y de sus hijos como también un buen yerno y un buen marido.

LUCIA

¡Bueno sí, correcto quién sabe! Como lo dice mi mamá, "este mundo está poblado en su integridad por una horda de antropófagos famosos por la tramposería, el egoísmo y el vicio. Sin ningún linaje, tratan a las mujeres con gran desprecio siendo más tiernos con sus vacas y terneras que con ellas. Aunque esté preñada, la mujer para los hombres de aquí no es otra cosa que un hueco donde se meten y se salen anochecidos y borrachos para aliviar el peso que petroliza sus fantasmas.

ANDRES

¡Bueno, caramba, ya se acabó este bochinche! Tu mamá se lamenta demasiado, en vez de lanzar tantas flechas envenenadas contra mí, debería más bien guardar su lengua viendo sus propios pecados: la calumnia, el chisme y tantos otros…

LUCIA

Cállate Andrés no la critiques mas, te lo ruego. Mi mamá está llena de defectos como Dios la hizo, pero es y será siempre mi mamá no lo olvides nunca.

ANDRES

Cómo diablos lo voy a olvidar si soy su víctima.

LUCIA

No digas niñerías, te quiere como a un hijo y tú lo sabes muy bien. Es siempre ella quien te ha sacado de apuros.

ANDRES

¡Mierda, carajo! ¿Cuáles apuros? Me tratas como si yo fuera un vulgar ladrón de mangos. Llevo mis negocios con claridad, sin depender de nadie. Desde el día en que dejé la casa de mis padres siempre me las he arreglado solo.

¡Qué histérica eres tú, me has sacado de quicio! Dices unas barbaridades sin darte cuenta, es el maldito vicio de las mujeres de esta tierra, y tú no escapas, estás chiflada, deberías aprender más bien a tener la lengua.

LUCIA

¡Andrés Paz Jackson, por favor, no te hagas el listo, ni el importante! Te acuerdas cuando el turco ese te tumbó, ¿Quién te prestó la plata para pagarle al banco, quién?, ¡Mi mamá!

ANDRES

¡Ayayay, no joda! ¡Trágame, tierra!

LUCIA

¡No grites que tengo dolor de cabeza!

ANDRES

Antes de morirme, delante de Dios y estos bogas aquí presentes, quiero que sepas...

LUCIA

No digas tonterías, si alguien se va a morir aquí soy yo.

ANDRES

¡Me voy a jondear al mar, lo he decidido y será tu culpa, me oyes!

LUCIA

¿Mi culpa, yo qué te he hecho? Fue el turco quien te robó.

ANDRES

¡No me hables más de ese maldito turco no joda, qué se lo trague el infierno, ay, me siento mal!

LUCIA

¡El corazón! Siéntate mi vida, siéntate, no te ofusques.... Tú bien sabes que te quiero mucho, olvida ese turco y respira profundo.

ANDRES

¡Ay! ¡Qué dolor terrible! ¡Ay! ¡Son los remordimientos! ¡Ay! ¡Siento en mi pecho clavado un puñal! ¡Ay! ¡Tan bello que es vivir pero lo hacemos tan difícil! ¡Ay!

LUCIA

Cálmate, mi vida, no hables más por favor, respira, respira profundo por la nariz, recuerda lo que te dijo el doctor, ¡Ninguna angustia!

ANDRES

¡Caramba, ya cállate y déjame solo, por tu culpa estoy hecho una tempestad!

LUCIA

Te voy a traer un poco de agua.

ANDRES

No tengo sed. Lo que quiero es irme por siempre de este mundo. ¿Para qué nacer, para qué vivir con un tormento que no te deja en paz ni un solo instante? Vivir casado es un doble calvario. Al principio las caricias y los besos a uno lo amamantan, pero con el paso de los años, la rutina es tal, que el mínimo roce se vuelve un tremendo esfuerzo. Y ni hablar de los hijos, que nos devoran con sus caprichos y sus engaños. ¡Caramba, hasta me suenan las tripas ya! *Mira el reloj.*

Ya son las doce. Y el tiempo que no se para. Hay que ver que Dios es poderoso, con sus narices tupidas de pelos nos hizo a su imagen y semejanza y luego tan piadoso se fue y nos dejó su mierda. También nos dejó la crueldad de nuestro breve paso por esta tierra, el engaño fabuloso de decirnos cada día que todo va bien a sabiendas de que en el fondo todo va mal. La verdad es que llevamos escondido, bajo el pellejo, el falaz gusano de la muerte. El resto es vanidad o cuento de cura. ¡Vivir para qué, vaya qué lio!

LUCIA

Andrés Paz Jackson, vengo enfurecida. El negro pipón, el que se dice el capitán, se le antoja ahora llegar a una isla, porque dizque no tienen madera para alumbrar el fogón. Traté de persuadirlo pero el sinvergüenza no me escuchó. Convéncelo tú, como eres hombre tal vez a ti te hará caso. Les has pagado un dineral, pues que cumplan con el deber y nos lleven con urgencia a Cispata, es todo lo que tienen que hacer, después a mí no me importa, les darás un novillo entero para que se jacten... ¡Pero niño, resucita, qué esperas para hacer algo!

ANDRES

Te lo ruego, mujer, déjame en paz, nunca más haré nada, se acabaron para mí los atosigamientos.

A partir de este momento me voy a dedicar a limosnear, o a vivir sin prisa como esos bogas.

LUCIA

No es el momento para tus locuras, Andrés, se trata de la vida de tu hijo. ¡Muévete, ojituerto! Ojalá yo fuera un hombre, arreglaría los problemas yo misma. ¡Este negrón me huele a bellaco, además con sus ojos blancos que se le salen no me los quita de encima!

ANDRES

Este mar empieza a oliscar, me huele que va a llover.

LUCIA

¡A mí me huele que lo que va a llover aquí son palos! Ya te conozco, cuando te pones así, contigo nada qué hacer, pareces perro ojeroso, arreglaré esto yo misma... Señor, sí, usted. ¿Cuál es su nombre? Arrímese, venga para acá por favor.

LOKUME

Mi nombre es Lokume, blanca.

LUCIA

Le propongo un trato, Lojume.

LOKUME

Lokume, blanca, con K.

LUCIA

Kojume, por lo que veo, usted es el jefe aquí.

LOKUME

No blanca quien gobierna en el mar es la diosa Yemayá. Entre nosotros no hay jefe, simplemente yo soy el más viejo, entonces, todos le hacen caso al negro Lokume por su experiencia.

LUCIA

¿Y está casado usted?

LOKUME

Casado, no, arrejuntado con la negra Soledad.

LUCIA

¿Y tiene hijitos?

LOKUME

Diez. Ocho hembras y dos varones.

LUCIA

¡Diez hijos!

¿Virgen Santísima, cómo hizo su mujer para criar tantos?

LOKUME

Seis se murieron y cuatro están vivos.

LUCIA

¿Y se murieron de qué?

LOKUME

Cuatro de hambre, los dos otros en menos de lo que canta un gallo se

los llevó la Madre de Agua.

LUCIA

¿Se los llevó quién?

LOKUME

La Madre de Agua.

LUCIA

Gracias a mi Dios yo no creo en esas majaderías. ¿Y no se le ocurrió llevarlos donde un médico?

LOKUME

¿Y para qué?

Usted sabe, blanca, cuando la Madre de Agua se le antoja un niño, se lo pilla. A veces se le ponen ofrendas, pero si a la diosa no le gustan, se jodió el pelao, lo que sucede casi siempre, el muchacho enseguida pierde el conocimiento y cae como en un embriago sin despertarse jamás.

LUCIA

¿En un coma letal?

LOKUME

Yo no sé cómo llaman a esta desgracia los blancos, la verdad es que se enferman y se mueren en un santiamén sin que nadie sepa de qué.

LUCIA

¡Sin que nadie sepa de qué, válgame Dios qué historia más deschavetada ésta!

LOKUME

Blanca, yo la escuché decir que su hijo está malito. ¿Qué le pasa?

LUCIA

Meningitis.

LOKUME

¿Cómo da eso?

LUCIA

Las tres meninges, una especie de pesadez en la cabeza.

LOKUME

¡Barbaridad, esto me recuerda algo!

LUCIA

¿Le recuerda qué cosa?

LOKUME

No. Mejor no se lo digo.

LUCIA

¡Caramba, deje de ser supersticioso!
¿Acaso tiene algo que ver con la muerte de uno de sus hijitos?

LOKUME

Tiempo.
Más o menos.

LUCIA

¿Cómo que más o menos?
¿Cuántos años tenía el chiquitón?

LOKUME

Once meses.

LUCIA

¡Santo Dios! Andrés Segundo tiene diez meses, no puede ser posible. Tengo que llegar rápido a Lorica antes que a esa bruja maldita se le antoje llevarse a mi niño. ¿Y dónde vive ella?

LOKUME

En el río.

LUCIA

¿En el Sinú?

LOKUME

En todos los ríos que bañan la madre tierra.

LUCIA

¡Caramba! ¡Esta mujer es una jactona ambiciosa, la Chupe Cabrales a su lado le queda chiquita! Cuénteme más de ella.

LOKUME

No, blanca, trae mala suerte.

LUCIA

¡Qué mala suerte ni qué factedad! Necesito saber qué cara tiene esa bruja.

LOKUME

No es ninguna bruja, es una diosa.

LUCIA

¡Una diosa! ¡Naturalmente, no faltaba más! Esta gente vive en una oscuridad ridícula, la evangelización no les ha servido de nada. ! Es para no creérselo!

LOKUME

¿Oiga, blanca, con su perdón, si usted no cree para qué pregunta?

LUCIA

Curiosidad, pura curiosidad, es todo.

LOKUME

Sin querer decir nada malo, pero mi intuición me predice una terrible cosa.

LUCIA

Ofuscada.

No diga eso, por favor, sobretodo en este momento.

¿Cuánto cuestan esos remos? Se los compro, quémelos y coman ahora qué hay viento, pero continúe sin parar hasta Lorica. ¡Si no la bruja maldita terminará robándose a mi hijito!

LOKUME

No se ofusque, blanca los remos son suyos, valen solamente 100 pesos.

LUCIA

¡Solamente 100 pesos!

¡Día maldito, el mundo entero abusa de mí! Unos inmundos remos tan caros.

¿Ante la calamidad que estoy sufriendo, no le da vergüenza estafarme a mí, una pobre madre desesperada?

LOKUME

Yo no la estoy estafando, blanca, es el precio de la madera y el trabajo, si usted no me cree entonces tendremos que arrimar a Isla Mangle para aprovisionarnos.

LUCIA

Con lo caro que le cuesta este viaje a mi marido, yo en su lugar dejaría esos remos gratis, no le parece.

LOKUME

¡Qué ofensa más grande a la diosa Yemayá! Esos remos son sagrados.

LUCIA

¡Sagrados esos palos, usted no es más que un borracho!

LOKUME

Borracho de hambre y de remar blanca.

LUCIA

¡Dios mío, este hombre es una laucha! ¡100 pesos, qué descaro, ni que fueran de oro!

LOKUME

Son más que de oro, blanca, y ahora no se los vendo, porque para ustedes los ricos todo el que es pobre es ladrón. Siendo que es lo contrario, ante los ojos de Dios, los rateros son ustedes y nosotros los despojados.

LUCIA

¡Le exijo respeto por favor! Yo no he dicho que usted es un ratero. En mi familia me enseñaron a tratar al prójimo con decencia, mientras que aquí, el único indecente es usted... Y no quiero discutir más. Véndame esos remos, tenga piedad, hágalo por mi hijito que se está muriendo.

LOKUME

Para que usted vea que el negro Lokume es un hombre bueno, se los vendo sin rencor, por 110 pesos son suyos.

LUCIA

¡Miércoles, qué agalludo, 110 pesos, esto sí es el colmo! ¡Qué chantaje más feo, échelos al fuego y ruegue a Dios que no le dé una indigestión!

LOKUME

No se preocupe por mí, blanca, a fuerza de aguantar filo tengo la barriga curada.

LUCIA

¿Hambre, con el barrigón que tiene?

LOKUME

Son las tripas que se inflan bajo el ardiente sol.

LUCIA

Déjese de porquerías y más bien dígame la forma que toma esa mujer.

LOKUME

A pesar del peligro que corro se lo voy a decir para que se dé cuenta cómo somos nosotros los pobres de honrados y pendejos. Escúcheme bien porque no se lo repito dos veces.
La Madre de Agua es una mona cipotuda, los cabellos le llegan hasta

los tobillos, tiene ojos de esmeralda, cuando se enamora de un niño lo embruja hasta hacerle perder el sentido, luego el muchachito bobito y ansioso de su leche dulce, se deja engullir y ella se lo lleva al fondo del río donde yace su morada; allí yacen también los huesos y las almas de todas sus víctimas.

LUCIA

Mirando desconfiada a su marido que duerme sobre los sacos.
¿Y a los hombres mayores se los lleva también?

LOKUME

Dicen que a veces, cuando el hombre es llorón.

LUCIA

¡Santo Dios! ¡Siento que esta bruja está por aquí! Tengo que rezar. Santa María madre de Dios, bendita tú eres entre todas la mujeres y bendito es el fruto de tu vientre Jesús. Líbranos del mal aquí en la tierra como en el cielo y no dejes que mi marido Andrés Paz Jackson caiga en manos de esperpentos, ni que a mi hijo Andrés Segundo se lo lleve la Madre de Agua. Sé que soy una pecadora ya que a veces no guardo la abstinencia. Imploro tu perdón. Y si me sacas de este apuro te prometo que mi alma será siempre tuya y mis actos de ahora en adelante de una santidad al servicio de Dios. ¡Santa Rita, protectora de los desesperados, ayúdame por favor!

A pesar de los ruegos, no se ve más que una agitación de nubarrones que oscurecen el horizonte y se acercan dando golpes y empujones como diablos amanecidos salidos de un antro.

¡Ay, Santa Bárbara bendita, te lo imploro, no dejes que nos coja el huracán!

Un temporal se forma, el mar se agita, la barca atraída por una fuerza misteriosa se dirige irremediablemente hacia Tolú.

II

CORO DE BOGAS

Tolú, nunca se ha visto un puerto tan doloroso.

La totuma del mundo gira imantada por una voluntad invisible.

Yemayá, deidad del mar, de los ríos y de las aguas bravas

y Ochún, diosa del amor, sus generosas señas en las ondas

dictan a los hombres leyes de paz y bondad. Dictan también

sentencias ante las ofensas que éstos hacen: adulterios, patadas y

puños dados a mujeres, falsos juramentos de alcoba, casamientos

por conveniencias, sexo con animales, incesto, violación y rapto.

Semejantes mañas transmitidas de padres a hijos, injurias que sólo

se pagan con ofrendas a la diosa o con ritos que harían volver

el corazón del hombre sobre las sendas del justo amor.

Mamá Lucía, desesperada, llora en su larga espera,

cuenta los minutos y segundos en medio de un mar impío,

olas de un nefasto augurio que le llenan el pecho de ahogos.

Mientras tanto en Lorica, la Madre de Agua, su enemiga,

canta y baila dueña ya del alma de Andrecito,

con voz de ensueño le muestra los senos, desnuda y atrevida le dice,

"Mi bebito lindo, si quieres más leche vente para acá."

Perdónenme , pero ante una deidad semejante,

ningún cristiano resistiría a una tentación igual.

Porque la pasión es así: el deseo de algo recóndito

que nos atrae como una llama desde el fondo de la penumbra

y que nunca, pero nunca, se logra aplacar.

Y Andrés, el marido, ¡Válgame Dios! Perdido y melancólico,

sumergido en la espuma de la noche uterina

y en el murmullo eterno del Edén perdido.

Pero Yemayá y Ochún son bondadosos,

Velando siempre por sus hijos deshacen los maleficios,

le devuelven a las mujeres el marido ido, el cual regresa ya rucio,

arruinado y tan manso implorando perdón y hasta se deja dar palos.

Lucía, esposa de Andrés, olvida el suplicio,

llena tus venas de una sangre nueva capaz de vencer el pánico,

entra en la luz de tu propio ser y verás que la vida será bella

entonces…

La barquetona de frente y perpendicular al público, viento en popa sobre un mar agitado se aleja del puerto de Tolú. Las velas infladas sirven de telón de fondo, los bogas desaparecen detrás de ellas, en la parte de adelante sobre la primera banca van sentados Lucía y Andrés, más hacia el fondo de pie contra el mástil, una desconocida con gafas negras y un sombrero lleva en la mano una sombrilla abierta, su silueta altiva y misteriosa sobresale en el océano púrpura del crepúsculo. Próxima escala Cispata.

LUCIA

¡Andrés Paz, cuidado, no te me voltees a mirar!

ANDRES

¿Qué diablos te pasa a ti? No me he volteado a mirar a nadie. Es esta chalupa del carajo, que con su zarandeo de un lado al otro me tiene mareado.

LUCIA

Mentiras, te conozco, secretamente tu guiñas muy bien el ojo.

ANDRES

¡No joda! ¿Pero qué pasa contigo? Cuando lleguemos a Lorica, te lo juro, que arreglaremos este cuento.

LUCIA

¿Y por qué te pones de pie? Si estás mareado quédate sentado.

ANDRES

Me he puesto de pie porque me tienes ofuscado con tus celos.

LUCIA

¡Ay mi vida, no mientas, te pones de pie para que esa bruja del diablo vea lo guapo que eres. Siéntate que te vas a desmayar.

ANDRES

¡Despreocúpate de mí, por favor! Prefiero estar de pie. Con tus celos eres peor que un punzón.

LUCIA

Vaya pues, tanta bondad que he tenido yo con este hombre y miren cómo me paga. ¡Me trata el injurioso de punzón, válgame Dios! En resumidas cuentas el matrimonio es un valle de lágrimas con sus aguaceros, sus crecientes y sus sequías. Andrés Paz Jackson, digas lo que digas, a mí no me engañas.

ANDRES

No me fastidies más, te lo ruego, pareces una cotorra chismosa, cierra el pico de una vez por todas.

LUCIA

¡Una cotorra chismosa, qué atrevimiento! Y tú, eres peor que mico empollerado, yo lo sabía y sin embargo me casé contigo. ¡Ay vida, no merezco esto!

ANDRES

¿Cállate y no grites, acaso no te da vergüenza?

LUCIA

¿Vergüenza de qué? Eres tú el pecador y soy yo quien debe avergonzarse. ¡No faltaba más! Si quieres vete con ella, engatúsala como me engatusaste a mí con tus destellos de hombre incomprendido.

ANDRES

Por favor mi lucero, es el cansancio que te ha puesto así.

LUCIA

¿Qué me ha puesto cómo? Te lo advierto, ten cuidado con lo que dices.

ANDRES

Estás completamente histérica, mujer.

LUCIA

Mira Andrés Paz Jackson, tus cursos de sicología barata guárdatelos para tus queridas.

LUCIA

Cuáles queridas ni qué pan caliente, cuántas veces te lo tengo que jurar que yo solamente te quiero a ti. Extraño cada día tu sonrisa, tus suspiros, los latidos de tu corazón, eres mi flor preferida.

LUCIA

No me hables más.

ANDRES

¿Caramba mujer, a ti qué mosca te picó?

LUCIA

Lo que tú sientes por mí es piedad y no amor.

ANDRES

¡Ay mi vida, ya te lo he dicho, la pasión es rosada y la piedad es gris!

Para mi tú eres la más bella rosa, delicada, en pleno frenesí, perfumando mi ser con pletórica dulzura e histológica teosofía.

LUCIA

¿Qué es este enredijo, histológica, teosofía? No entiendo ni papa, con tu palabreo fino olvídate que a mí no me enredas. Soy una rosa, sí, cubierta de espinas, enseñoreada por la tristeza, cansada de la vida, canonizable. Eterno dolor el mío, y hasta creo que tienes razón, todo este trajín me ha deschavetado. El amor de una madre por un hijo es tan fuerte que el mínimo peligro, cubre su vida con un manto aciago. ¿Dime Andrés, a dónde viaja esa mujer?

ANDRES

No lo sé, por lo que me dijo el negro pipón, creo, no estoy seguro, que viaja hasta Lorica a buscar a un niño.

LUCIA

¡Virgen Santísima, un niño, el mío, a mí esta endiablada me asusta!

ANDRES

¿Te asusta por qué? Es una mujer común y corriente como todas las demás.

LUCIA

¿De qué color tiene el cabello?

ANDRES

¿Y yo por qué tengo que saberlo?
Me has prohibido que la mire.

LUCIA

Te lo prohibí por otra cosa.
Por la mecha que se le sale del sombrero me parece que es rubia.
¿Qué te parece?

ANDRES

Escondida bajo esa sombrilla y con un sombrero ninguna mecha se le
puede ver.

LUCIA

¡Ay, a mi esa mujer me espanta! Alguien que abre una sombrilla
cuando no hay sol, es para no creérselo, sólo las brujas hacen esas
cosas.

ANDRES

No comiences con tus agüeros de comadrona, por favor. Esta mujer no tiene nada de bruja, su apariencia no es más que un vulgar coqueteo.

LUCIA

¿Coqueteo, cuál coqueteo?

ANDRES

No, no, ninguno. Si va para Lorica es porque tiene su familia allí.

LUCIA

Mira, Andrés, Lorica es un pueblo pequeño, donde todo se sabe, a esta espantosa yo nunca la he visto allá, así que el cuento de su familia yo no me lo trago. O es gitana roba pelao o es ramera roba marido. No le veo otra solución a este enigma y no trates por favor de convencerme de lo contrario con tu mongo de palabras raras salidas del diccionario.

ANDRES

Definitivamente aquí quien espanta eres tú. Duérmete, Lucía, duérmete y descansa que el sueño da paz…

¡Caramba! Comienzo a sentir de nuevo ese fastidio que me coge antes que la melancolía me dé su garrotazo y esta vez siento que es grave y si me muero por tu culpa, te lo juro que te salgo, te espanto y te pellizco los pies.

LUCIA

¡Ay, no digas eso Andrés!

Me da miedo cuando me hablas así, me pones mal, dame un beso, cariño.

ANDRES

Te doy un beso y te acuestas ahí.

LUCIA

Sobre esos costales llenos de ratones y cucarachas, no faltaba más. ¡Prefiero mejor rezar!

ANDRES

Reza, mi vida, reza pero acuéstate ya dentro de un rato, en la madrugada llegaremos a Cispata.

LUCIA

Pido a Dios que el carro esté listo.

ANDRES

Claro que sí, mi lucero. Mañana a esta misma hora tu tan añorado hijito dormirá en tus brazos.

LUCIA

En los tuyos también, Andrés.

ANDRES

En los míos también, mi vida. Hazme el placer de dormirte ahora.

LUCIA

¿No hay cucarachas?

ANDRES

Acuéstate tranquila, a las cucarachas y a los ratones no les gusta el agua de mar.

LUCIA

¿Y la bruja qué se hizo, a dónde se fue?

ANDRES

Seguramente se fue a hablar con los Bogas.

LUCIA

No le da vergüenza, mezclarse con unos negros malucos, es para no creérselo.

ANDRES

Ya cállate y duerme.

LUCIA

Tiempo.
Cuando lleguemos a Lorica, en vez de ir a la casa, prefiero dirigirme directamente al cementerio.

ANDRES

¿Qué locuras son ésas y para qué?

LUCIA

Si no hay tumba nueva estaré segura que mi chiquitón todavía se encuentra vivo.

ANDRES

Por última vez, duérmete. Te lo prometo, iremos al cementerio.

LUCIA

¿Me lo prometes?

ANDRES

Prometido.

LUCIA

Te quiero, Andrés.

ANDRES

Yo también, mi vida, duérmete tranquila.

Estoicamente le prepara un colchón con los sacos de cocos tratando de ajustarlos lo mejor posible. Lucia incomoda se acuesta como puede.

LUCIA

Tengo la espalda asoleada.

ANDRES

Me quedaré aquí sentado a tu lado para darte fresco.

LUCIA

Ya pronto descansaré…

ANDRES

Y yo quizás también.

III

La oscuridad es total, el rezo de Lucía paulatinamente se confunde con el murmullo incesante del mar. Una ligera brisa barre el cielo que despejado deja ver sus constelaciones. Andrés sentado cabizbajo y tenebroso. Una estrella cae, Lucía se duerme mientras que Andrés sigue embarcado en su profundo letargo. La luna aparece poco a poco bañando de luz plateada la silueta de la desconocida mujer, que con el cabello ondulando por la brisa se le acerca radiante alumbrando la oscura figura de Andrés.

MADRE DE AGUA

Por favor, me da fuego.

ANDRES

¡Ay! ¿Qué se quema?

MADRE DE AGUA

No se quema nada, sólo le pregunté por un fósforo.

ANDRES

Lo siento mucho, no fumo.

MADRE DE AGUA

No fuma, raro en un hombre que busca incendiar los hábitos.

ANDRES

Yo no busco incendiar nada.

Vivo en medio de la indolencia de cada día.

MADRE DE AGUA

Pues así no parece, sus antepasados fueron esclavos y lucharon para ser libres…

¿Ya lo olvidó?

ANDRES

¿Olvidarlo? Nunca.

Los llevo siempre presentes en mi corazón. Perdóneme la curiosidad, usted me habla como si conociera todo de mí ¿Cuál es su nombre y acaso nos hemos visto antes?

MADRE DE AGUA

Me llamo Eurídice y lo conozco desde siempre.

ANDRES

Cambiando de cara.

¿Me conoce desde siempre?

Tan raro, yo no la conozco, pero si usted es Eurídice, yo soy Orfeo.

MADRE DE AGUA

Su padre era de origen antillano y su madre de origen inglés y su nombre es Andrés.

ANDRES

¡Caramba, esta mujer es un hada!

¿Y por qué no se sienta, se va a cansar parada?

MADRE DE AGUA

Estoy mejor de pie.

Así recibo la atomicidad de la noche, la Vía Láctea me atraviesa el pensamiento.

ANDRES

¿El firmamento quiere decir?

MADRE DE AGUA

Es como un coro alado lleno de luceros.

ANDRES

Tiempo.
¿Viaja para Lorica?

MADRE DE AGUA

Las estrellas son las alas del viajero.

ANDRES

¿Profesora?

MADRE DE AGUA

Vivimos en un cosmos donde todo es ensueño

ANDRES

Se pone de pie.
No la comprendo.

MADRE DE AGUA

Es mejor así.

ANDRES

No, me gustaría comprenderla, saber un poco de usted pues conoce tanto de mí.

MADRE DE AGUA

Por favor, prefiero que me digas tú, es menos terciopelado pero más agradable en una noche tan radiante.

ANDRES

No estoy para nada de acuerdo.

Usted es mucho más elegante, uno le dice tú a las personas con quienes se ha perdido todo misterio, en un cuarto donde la cama y el escaparate comienzan a llenarse de banalidades y de viejos trapos que a veces quisiéramos botar al basurero.

MADRE DE AGUA

Lo dices por ella.

ANDRES

Mujer curiosa, preguntas, algo fatídico.

MADRE DE AGUA

Apagado el ardor se enciende el menosprecio.

ANDRES

Hace ya tanto tiempo que estamos casados, arropados en tedios que nos amargan la vida, viviendo juntos en un pueblo perdido donde la gente muy resignada restriega el aburrimiento contra el filo de las camas.
Pero por favor hablemos de otra cosa.
Se le acerca.

MADRE DE AGUA

Tal vez ella sienta lo mismo y no lo expresa.

ANDRES

¿Quién sabe? Ella es tan común y corriente como todas las mujeres de por aquí, a mi esposa le gustan las telas, los pintalabios, jugar cartas, el chismorreo sin importarle lo que es cierto en la vida.

MADRE DE AGUA

En la vida no hay nada cierto, todo es oscuridad y temblor.

ANDRES

Tomándola por el brazo.
Claro que si hay luz, mi ángel.

MADRE DE AGUA

Enséñamela.

ANDRES

¡Dios mío, qué mujer, no se puede explicar así, se necesita tiempo y lugar!

MADRE DE AGUA

Tenemos tiempo de sobra y mejor lugar que éste no hay.

ANDRES

No es el momento indicado, estaríamos mejor a solas.

MADRE DE AGUA

No veo ningún inconveniente. Estamos solos y la noche está bella, embrujada por sinfonías de olas para que hablemos sin que nadie nos pueda escuchar.

ANDRES

Bueno, entonces tendremos que tener cuidado, mi mujer es demasiado celosa, si se despierta no quiero ni imaginar lo que podría pasar. En estos países refundidos donde todo el mundo se conoce, los labios se abren para criticar o para gemir.

MADRE DE AGUA

¡Qué malo eres, dolorosamente me haces reír! Quién no es celoso en esta vida. Los celos son las trincheras del amor, acaban con todo, embrutecen los sentidos y no hay remedio que valga.

ANDRES

Sí hay remedio, mujer: volverse cura.

MADRE DE AGUA

Los curas detrás de las sotanas llevan las ansias inflamadas.

ANDRES

Pero qué vaina, y hasta le sobra el humor. Se lo puedo jurar que yo no soy celoso.

MADRE DE AGUA

Los grandes celosos afirman siempre que no lo son. Por favor dame tu mano.

ANDRES

¿Mi mano, y para qué?

MADRE DE AGUA

No preguntes nada. La mano derecha, dámela, la del corazón.

ANDRES

Caramba, y yo que pensaba que era la izquierda.

MADRE DE AGUA

Tienes lindas manos Andrés. Vamos a ver si en verdad eres celoso. A primera vista parece que no.

ANDRES

Soy un hombre especial, mi lady.

MADRE DE AGUA

Tiempo.

Vamos a verlo. Aquí veo una línea profunda espectacularmente marcada al final, símbolo de quien impone su voluntad a los demás. También veo un calabozo, algo así como una reja, una sombra gimiendo la atraviesa, más atrás hay una casa con una puerta medio abierta de donde salen unos brazos muy largos, unos brazos de pulpo, tentaculares, kilómetros de brazos que terminan encadenando la sombra sin que esta se pueda escapar.

ANDRES

No continúes por favor, me reconozco. Soy un turpial, un turpial prisionero en la jaula del desamor, un poeta con versos atascados en el barrial del tedio, el matrimonio y sus congojas ya no lo soporto más.

MADRE DE AGUA

¿Quieres que continúe?

ANDRES

No. Lo adivinaste todo, todo.

¡Nojoda, tengo que cambiar de rumbo! Hace tantos años ya, invariables años sin luz y sin amor.

Entre Lucía y yo todo se fue esfumando sin darnos cuenta.

El tiempo no tiene piedad, termina transformando el amor en rencor.

MADRE DE AGUA

¿En vez de continuar viviendo un drama igual por qué no se separan un rato?

La soledad a veces aviva la pasión.

ANDRES

La paciencia se me agota, si estamos juntos es por puro acomodamiento, por el bienestar de nuestros hijos, soportándonos mutualmente en un lodazal total, tratando de inventar cada día una nueva excusa, una distracción a nuestro aburrimiento, una vida semejante ya no la soporto más.

MADRE DE AGUA

¡Tan juntos en una red que viven devorándose!

ANDRES

Por favor no haga burlas.

Hablemos de otra cosa, de jardines, de usted y yo por ejemplo, juntos podríamos hacer parte de una nueva constelación, Andrés y Eurídice, la aventura, el mito más puro del amor. Por usted iría hasta el propio infierno. ¡Oh, exquisito ardor! Cuánto tiempo he perdido, si tan sólo hubiese tenido el coraje y hasta olvidé que fui un hombre festivo, me gustaba tanto el danzón, el merecumbé extenuante.

La toma en sus brazos y se ponen a bailar al son de un merecumbé.

Me trenzaba en otros cuerpos y hasta me decían el pulpo, porque con mi apretón suscitaba el encanto.

Ebrio, abracé la locura, frecuenté el beso que incendia ansias, la caricia que hacen ver siluetas mágicas, fui también flauta del encanto, uva de la vida breve, intentando crear sortilegios declamaba y hasta hacía versos "¡Oh noche que juntaste Amado con amada, amada en el Amado transformada!" ¡Oh embrujo de cuerpos imantados!

Le da un beso intenso.

MADRE DE AGUA

Se le suelta.

Infladas son tus palabras, la excitación a los hombres los vuelve ostentosos, con juramentos y promesas embaucan a la mujer y ya saciados, se van y le dan la espalda.

ANDRES

¿No joda, quién se va?

Ante una carioca semejante el que se vaya es porque es maricón.

MADRE DE AGUA

Alas de falsas promesas. El hombre que es mujeriego, si tratas de retenerlo, con la mejor excusa te deja botada, luego en una semana o dos reaparece como si nada hubiera pasado, marinero oliendo a whisky y a cebo.

ANDRES

¡Caramba qué cosa, esta mujer sí que tiene labia! Creo comenzar a adivinar quién es usted

MADRE DE AGUA

Soy la Madre de Agua, la sirena de la muerte.

ANDRES

¡Ay, si la muerte es así que me salga y me coma! Un poeta maldito dijo que el verdadero amor está ausente, tenía razón. Usted es el encanto mismo, una sirena que se subió en esta nave para embellecer su viaje hacia la fatalidad.

El sólo verla me ha devuelto la parte en mí que creía perdida, me siento vivo, mi ser se ilumina liberado de todo aburrimiento.

¡Ay qué ganas son éstas!

¡Bésame, mi lady, chúpame hasta el tuétano, hazme sentirme vivo!

MADRE DE AGUA

Sólo los presumidos pierden la cabeza y se bajan el pantalón tan fácilmente.

ANDRES

Soy consciente de lo que digo, las palabras me brotan guiadas por el rayo del deseo.

MADRE DE AGUA

Soy una muerta, no lo olvides, si me amas tu alma será siempre mía.

ANDRES

Embobado.

¡Qué maravilla, soy todo tuyo, acepto tu rapto, carioca, mi alma y este caparazón que la envuelve, ya te pertenecen!

MADRE DE AGUA

Te das cuenta, te traicionas, ya empiezas a decirme tú.

ANDRES

Sí, mi lady, te he dicho tú, se me escapó, son estas ganas que tengo, no me las aguanto más. Aunque seas la misma muerte me iré contigo, entre tus brazos me siento vivo, sin angustia que enlode mi corazón. ¡Si lo que quieres es mi alma, ya es tuya, agárrala enseguida y embúchatela, gracias a ti existo de nuevo! Pídeme lo que quieras, mi lady, pídeme lo que quieras pero sálvame, sácame de este atolladero, no quiero más vida entre muros y remordimientos. Vivir sin placer ni pasión es un monótono teorema, repugnante ficción enredada buena para el gusto de ciertos contemporáneos. ¡I love you, my sugar baby, I love you!

MADRE DE AGUA

¡Ay caramba! Todo sirve al esposo infiel. Vestido de desamor inventa cielos donde no los hay. ¡Ay, ten cuidado que me apachurras! Ten un poco de paciencia, niño, que en un instante no más, haremos de esta barca un lupanar, tú disparando tu veneno, yo simulando intensos aullidos, tu mujer retenida en el sueño y las estrellas que nos miran divertidísimas.

ANDRES

De mi esposa no quiero saber nunca más, la voy a dejar, te imploro que no la nombres. ¡Oh, el absoluto amor, llegó la hora de la verdad! *Se quita el pantalón rápidamente.*
Abrigados por la seda del roció viviremos lo que nunca hemos podido vivir: ¡el orgasmo bestial!

MADRE DE AGUA

¿Y si tu mujer se despierta?

ANDRES

No te preocupes por ella, desparramada duerme, hasta el mismo trueno no la podrá despertar. ¿Pero qué diablos haces? No te me apartes, no es el momento, que se me va a estallar.

MADRE DE AGUA

Sólo te doy los pies a besar, arrodíllate, póstrate ante mí y qué tú Dios te guarde.

ANDRES

¡Caramba, no te me hagas la santa, que a las mujeres como tú lo que les gusta es que uno les saque la piedra!

Y de Dios no me hables que ahora mismo sólo creo en lo que me como.

MADRE DE AGUA

Ay, niño, no seas tan plebe y tan ateo.

ANDRES

¡Me importa un carajo! Dios es angustia, el fruto amargo del miedo, el embuste que explica mal el principio y fin de la vida. Es la costumbre del que vive muerto, creer en lo absurdo y en lo ridículo. Pero yo, contigo ya lo comprendí, en el hombre todo es placer: el sexo, el comer, el cagar, hasta el dolor y el morir ¡Todo es placer!

MADRE DE AGUA

No seas loco, estás delirando. En la bragueta llevas enraizada la culpa, la tiranía propia al impotente. El verdadero amor es como este mar fluido, vigoroso, el tuyo es fiebre agresiva, pantalón bajado con apuro y eyaculación precoz descomedida.

ANDRES

Pero mi vida, ningún ser es perfecto.

MADRE DE AGUA

¡Déjame y no me toques! Bastante triste es la realidad que te sepulta y no quiero que se me vaya a pegar esa lepra. De todos los micos que encontré en mi camino eres el más enmarañado, el placer se alejó de ti, hasta tal punto, que me pregunto si no eres una doble cosa.

ANDRES

¡Ay escabrosa no digas eso, yo maricón no soy!

MADRE DE AGUA

Se ríe a carcajadas.

ANDRES

¿Y de quién te burlas? Te estás ganado una cachetada. Fuiste tú quien comenzó con este jaleo, además conozco de lejos a la ramera que se hace pasar por una santa envuelta en blancas palabras. Carioca, te lo advierto, no juegues conmigo al gato y al ratón, si plata es lo que quieres, plata de doy... ¿Pero, carajo, qué diablos se hizo mi pantalón?

MADRE DE AGUA

Lo echaste al mar sin darte cuenta.

ANDRES

¡Miércoles, caramba, se jodió el merengue, mi mujer me va a matar! ¿Qué mentira le voy a contar? Todo por culpa de esta maldita bruja…

¿Y dónde está? Se burló de mí y se fue. ¡Si la agarro la mato, la mato!

Corre desnudo de un lado al otro gritando como un loco toda una serie de bajezas y sandeces buscando a la mujer, la cual desapareció tal cual llegó, el griterío despierta a Lucia.

LUCIA

¡Ay, no, trágame tierra, qué es lo que estoy viendo, Andrés se volvió loco, loco de remate!

ANDRES

Confundiendo a Lucia con la Madre de agua la agarra por el cuello.

¡Perra maldita, al fin te tengo, ahora sí que eres mía, te lo voy a hundir hasta el pescuezo para que veas que no soy maricón!

LUCIA

¡Pero suéltame, Andrés, si yo soy tuya, soy Lucía!

La barquetona comienza a ladearse.

ANDRES

¡No carioca, no te soltaré nunca más, te voy a mostrar que soy un hombre, un macho de verdad!

El zarandeo es tal que terminan cayéndose al mar.

IV

Algunos instantes después los dos esposos se ven emparamados distanciados el uno del otro, Andrés cubre su desnudez con unos costales.

LUCIA

¡No me mires! ¡Y a mí no me hables más, que por tu culpa casi nos ahogamos! Gracias a esos bogas, que nos rescataron de los tiburones, aún estamos vivos.

ANDRES

¿Cuántas veces quieres que te lo jure?
Tuve una pesadilla, mi amor, un sueño horrible, la muerte disfrazada de sirena me quería tragar.

LUCIA

¡Mentiroso! Y tú, te quitaste el pantalón para espantarla con tu morcilla estirada. A mí ya no me engañas, la verdad fue que te emborrachaste con esa maldita bruja, y cuando ella se te fue, tan borracho estabas que me confundiste con ella ¡lo que no te perdonaré jamás, pero jamás! Cuando lleguemos a Lorica haremos cama a parte.

ANDRES

¡Dios bendito, esta pesadilla sigue, no fue mi culpa! Te lo juro, tuve un sueño, un sueño espeluznante.

LUCIA

¿Tan extraño, cómo dos personas pueden soñar con el mismo espanto? Es para no creérselo.

ANDRES

¿También tú soñaste con ella?

LUCIA

¿Y tú qué crees? Con un marido igual estoy expuesta a todo. Pero Dios es grande y nos protege del demonio y sus maldades, espero que su misericordia nos lleve pronto a Lorica.
Reza.

ANDRES

Tienes razón mi vida, Dios existe.
Reza también.

LUCIA

Dame la hora Andrés.

ANDRES

El reloj también se me perdió. La bruja me lo robó. Son más o menos las cuatro y media pasadas.

LUCIA

Ya pronto saldrá el sol.
Lucía saca una toalla se seca el pelo y se maquilla un poco, Andrés continua pasmado, mira el mar estrujándolo de lado a lado como buscando la silueta de la Madre de agua.

ANDRES

Tengo el alma y el corazón hechos una fábula, vaya qué sueño.

LUCIA

Andrés, cara de golero, por favor no comiences a hablar solo.

V

Lorica, viejo puerto de zinc y de madera sobre el Sinú. Allí se juntan los dos brazos del río antes de arrojarse al mar Caribe. La casa de la madre de Lucía, en un rincón cantidades de velas arden puestas a la Virgen. En el centro, sentada en una mecedora, Lucía reza junto a la cuna donde se haya moribundo su hijo Andrés Segundo, el aya con un abanico le da viento al muchachito.

CORO DE MEDICOS

«Juro por el médico Apolo, por Esculapio, por Higiene y por Panacea, por todos los dioses y todas las diosas, los tomo como testigos, cumplir según mi capacidad y mi juicio con el Sermón de Hipócrates. Pongo mis conocimientos al servicio de los enfermos. Considero antes que nada la salud y no el dinero. No daré nunca a nadie un veneno ni si él me lo pide. Es con virtud y caridad que ejerceré siempre mi arte. En todas las casas entraré luego de dejar afuera toda injusticia, todo acto de corrupción. Evitaré sobre todo las relaciones sexuales con pacientes mujeres y hombres. Me ocuparé igualmente de ricos como de pobres. Lo que yo escuche de la boca de un enfermo lo callaré a sabiendas que es un secreto. Lo juro eternamente y así sea»

Las frases siguientes son dichas cada una por un médico.

Vivimos en un mundo nuevo donde ciertas puertas viejas aún no se han abierto.

Se sabe todo del cuerpo pero del alma no se sabe nada.

Vivimos bajo el mismo cielo que Demócrito y Virgilio.

Se juzgaría superficial dejar la suerte del hombre en manos de un curandero.

Estoy de acuerdo.

Yo también adhiero.

La suprema medicina sólo puede venir de la ciencia.

A lo largo de su vida el médico consciente y lúcido combate el mal con bastante esmero.

Morir es retornar a lo incierto.

Todas las noches se muere.

¡Ay del pobre médico! Descifrando siempre lo que no se puede descifrar.

Nuestra labor consiste en aliviar el dolor del mundo.

Usando nuestra paciencia para inculcar una esperanza última.

Una esperanza que es pura ilusión.

Cuando todo se acaba se acaba.

Vivir es temblar.

Lo que también nos concierne.

El siguiente episodio siempre está presente en nuestro espíritu.

De día se cierra la llaga pero de noche se vuelve a abrir.

Nefasto es acomodarse a la dura estera del dolor.

Los beneficios de un buen sueño son irremplazables.

Si la contrariedad y la tristeza se prolongan el mal viene de la bilis negra.

Un orín muy abundante durante la noche es anuncio de constipación al día siguiente.

Quienes atrapan el tétano mueren en cuatro días, pero si pasan este período se curan sin ningún problema.

Comer carne en abundancia vuelve la sangre agrumada.

Lo que con el tiempo es mortal.

Las enfermedades vienen de lo que comemos o del mal aire que respiramos.

Y también de los vinos malos.

Del cigarrillo y sus químicos.

En asuntos de sexo un régimen de abstinencias también es malo.

Las personas que son gordas y flojas los días de lluvia deberían seguir un régimen más seco.

Es mejor prevenir que curar.

La nostalgia es síntoma de tos futura.

Nostalgia de los días serenos.

Nostalgia de tiempos mejores.

Preludio y signo de vejez es el olvido.

El carro viejo se oxida.

Se le acaba la batería.

Se le desinflan las llantas.

Se enferma de estacionar.

Le sale un estafiloma.

Sus llantas en la arena llenas de estafilococos.

El mofle le estornuda en mal estado.

En España los coches viejos estacionan en el basurero.

Los unos sobre los otros.

Tan cerrados que no se pueden mover.

Terminan vueltos chatarra.

En la vía pública la estación cuesta muy caro.

En el hospital de Cartagena cuesta el doble.

En Lorica hace falta un buen hospital.

En Montería hay uno, pero al que no tenga plata no lo dejan estacionar.

A veces se va la luz durante la operación.

Los que lo dirigen desconocen completamente la claridad.

La caridad.

La culpa la tiene el gobierno.

La culpa la tenemos todos al elegir en esos puestos personas sin calidad.

Es un verdadero monopolio.

Un estercolamiento cada día más feo.

Un hematoma.

Una hemorragia.

Una hepatitis B.

Un cáncer.

Una lepra.

Una herida de gravedad.

Un homicidio.

Un holocausto.

Un crimen contra la humanidad.

Una hibernación de la moral.

Un reumatismo de la ética.

Una hidrofobia.

Una falta de higiene.

Una miopía hipocondríaca.

Un hipostático razonamiento.

Un hispanismo sifilítico.

Como una llaga sobre la lengua.

Como un tumor en el cerebro.

Como una herida mal remendada.

Grabada por siempre.

Tiesos quedamos sin saber de qué.

Los ojos entornados hacia el cielo.

Lo mejor es no hablar más de esto.

Es mejor ir esta noche al teatro.

O casarse detrás de la Iglesia.

LUCIA

¡Por el amor de Dios, en vez de tanta palabrería, hagan algo que cure a mi hijito, que ya se está amoratando, sólo un milagro lo puede salvar, sólo un milagro! Mi pobre Andrecito, mírenlo allí, ya casi ni respira. El rostro se le ve funesto, la Madre de Agua se enamoró de él. Bruja tan desgraciada, el señor Lokume tenía razón cuando decía que la medicina para nada sirve en estos casos. Lo único que queda por hacer es un sacrificio a esa bruja, estoy dispuesta a tirarme al río si es necesario para saciar el hambre de ese cruel espanto disfrazado de mujer. Maldito demonio deja a mi chiquitón en paz, si lo que quieres es mi marido, llévatelo, te lo doy enseguida, no me darán celos, me quedaré sola… La soledad es triste pero el duelo es peor. Sanguijuela sanguinaria, ¡Si te atrapo! Te haré freír en un caldero hasta que achicharrada dejes de una vez por todas a los chiquitines en paz.

MEDICO

No se ofusque comadre, no se ofusque, ya verá que todo se va a arreglar.

LUCIA

Me dan ganas de agarrar las cosas y arrojarlas contra la pared. No sé por qué pero siento que esa maldita mujer está por aquí dispuesta a llevarse el alma de Andrés Segundo.

MEDICO

¿De qué mujer habla usted?

LUCIA

De la bruja pelirrubia que viajó con nosotros desde Tolú.

MEDICO

No la comprendo.

LUCIA

Dios me perdone, pero ustedes los médicos lo único que comprenden es lo que les dicta el microscópico, el resto o es milagro o es brujería.

MEDICO

El microscopio, comadre, el microscopio. No cabe ninguna duda, la medicina lo reconoce, en las obras de la creación existen fenómenos misteriosos. La ciencia no es infalible, por eso la creencia en Dios es indispensable, pero no en brujos y espantos, creer en esas cosas es un regreso absurdo al oscurantismo.

LUCIA

Ya yo no creo en nada.

Ante mis ojos Dios es una estampa en el muro que se volvió pálida.

Sobre mi vida reina un caos terrible que lo aplasta todo. ¡Ay qué angustia, estoy cansada de implorar!

Mire usted compadre, Andrés Segundo cuando nació parecía un repollito todo fresco, quién podía creer que le iba a pasar esto. ¡Es para no creérselo!

MEDICO

Sí comadre, es para no creérselo. Y hacia dónde se fue mi compadre, no lo he visto desde hace un rato.

PRUDENCIA

Don Andrés salió a caminar, se veía bastante taciturno arrastrando su osamenta como un...

LUCIA

¡Cállese usted, Prudencia!

En vez de decir esas majaderías apúrese, traiga un pañal y una palangana de agua, este muchachito está hirviendo de nuevo.

PRUDENCIA

¡Ay blanca qué buena noticia! Si suda es porque está vivo. Ayer cuando ustedes llegaron me encontraba aquí acompañando a su mamá y cuando Don Andrés silbó como cuando regresa de la finca, el niñito lo oyó y volteó la cara como buscándolo, entonces me dije.

LUCIA

¡Caramba usted no se diga nada! Dígamelo a mí, me hubiera ahorrado tanta agonía. ¿Y qué espera para buscar lo que le dije?

PRUDENCIA

No es mi culpa, si a mí en esta casa nadie me escucha. Usted hablaba con los doctores y como usted me lo ha dicho siempre no meta la cucharada Prudencia, entonces yo me quedé callada.

LUCIA

¡Dios mío esta mujer es incorregible!
¿Y por qué diablos no ha traído el agua, qué espera?

PRUDENCIA

Enseguida corro, pero antes, si usted me da el permiso, le diré algo.

LUCIA

¿Qué cosa? ¡Hable y por qué se calla! Miércoles, esta mujer me mantiene hecha un padrenuestro.

¿Y para dónde se va ahora?

PRUDENCIA

A buscar el agua, blanca.

LUCIA

No faltaba más. Diga lo que tenía que decirme.

PRUDENCIA

Con su perdón, Niña Lucía, pero en vez de agua el niñito André lo que necesita es leche, pero no de vaca, su propia leche. Si usted le diera pechito de nuevo estoy segura, como que mi nombre es Prudencia Padilla Guzmán, que se aliviaría.

LUCIA

Usted está loca, ya leche no tengo.

¿De dónde la voy a sacar? Tendría que parir de nuevo.

PRUDENCIA

Si tiene, blanca, una madre siempre tiene leche hasta más allá de los doce meses. El problema es cómo hacerla venir, pero yo conozco una manera.

LUCIA

¡Usted! ¿Y cuál manera?

PRUDENCIA

Ay, me da pena, no me atrevo a decírselo.

LUCIA

¡Virgen del Carmen! Estoy por dentro destrozada y esta infeliz mujer tomándome el pelo.
Ya no sé qué hacer con usted Prudencia.

PRUDENCIA

Ay, Doña, yo no le estoy tomando el pelo. Lo que quiero es que el niñito Andrés se mejore.

LUCIA

¡Qué arbitrariedad! Estoy presintiendo que esta mujer como el otro de los remos, me va a terminar cobrando caro sus consejos.

PRUDENCIA

¡Ay que Dios me guarde! Yo nunca he pensado en cobrarle nada, con lo buenos que han sido ustedes conmigo. Al Niño Andrecito lo quiero como si fuera mi hijito, si le pasa algo de grave, estaré tan triste, que me iré de este mundo por donde vine.
Llanto.

LUCIA

Bueno, bueno, ya acabe con ese lloriqueo. Nosotros aquí la queremos mucho Prudencia, usted prácticamente hace parte de esta casa.

PRUDENCIA

Usted es tan buena, Niña Lucía, que no merece que el cielo le haga esto tan feo. Para hacerle venir la leche yo conozco un secreto que nosotros en el campo utilizamos, pero en verdad me da pena con usted decírselo.

LUCIA

No se preocupe por mí.

PRUDENCIA

Yo me preocupo es por el doctor.

MEDICO

Oh no, por el contrario, las recetas campesinas me interesan mucho y le prometo que si funciona, me encargaré yo mismo de ponerla en práctica.

PRUDENCIA

Pero a mí me da vergüenza porque el remedio es bastante penoso.

LUCIA

Asegúrese usted Prudencia, después de lo que he vivido nada me apena ya.

PRUDENCIA

Entonces ya se lo digo. Primero hay que encontrar un cachorrito recién nacido, luego usted lo toma y se lo pone en la tetilla, se lo advierto que le va a doler mucho porque el perrito va a tirarle fuerte, lo que hará enseguida brotarle la leche, después se pone usted al niñito Andrés en el pecho para que chupe y listo el pollo.

LUCIA

¡Ay, Dios mío, qué receta más endemoniada! De sólo pensarlo me da un desmayo. ¿Usted qué me aconseja compadre?

MEDICO

Mire comadre, le voy a ser sincero de una vez por todas. Nada se perdería con probar.

LUCIA

La cosa es tan grave.

MEDICO

Sí, comadre, la cosa es más que grave.

LUCIA

¡Qué mi Dios me perdone y la Virgen me compadezca! Que me

traigan de una vez por todas ese asqueroso perro, por mi Andrés Segundo estoy dispuesta a todo.

Lucía se desabotona la blusa, entre las manos toma su seno izquierdo que se le hincha dejando adivinar la vida que hay por dentro. Oscuridad.

VI

Día siguiente. Mucha claridad. Afuera se oyen los ladridos de un perrito, Andrés entra y juega con el animal, le muestra un hueso.

ANDRES

¡Tetero! Ven, come, no tengas miedo, es para ti. Mira como mueve la cola, tan bandido, lo único que te gusta es la leche de mujer.

LUCIA

Entra con Andrés Segundo en sus brazos.

Andrés por favor no hagas ruido, ni digas vulgaridades. ¿Y qué esperas para llevarte ese asqueroso perro para la finca? Me da susto que le haga un daño al niño, si lo llega a morder te juro que lo despescuezo.

ANDRES

No seas tan descomedida, mujer. No olvides que fue él quien le salvó la vida a tu hijo.

LUCIA

Mira Andrés, cara de golero, te estoy previniendo calmadamente, si este animalito le hace un rasguño a Andrés lo ahogaré en la alberca sin remedios.

ANDRES

No seas tan cruel. ¿Cómo diablos puedes decir una cosa igual?
Lo insoportable ya se fue.

LUCIA

Y todo por culpa mía. También sirvió para que pagara yo mi deuda con el Señor. Afortunadamente aquí estoy de nuevo con Andrecito en mis brazos. ¡Lo juro y lo requetejuro, nunca más me iré para ningún lado! Ay, Andrés, te lo ruego, llévate de aquí a ese perro que le va a pegar las garrapatas al nene.

ANDRES

Está bien me lo llevaré para la finca, pero si allá lo dejan morir de hambre será tu culpa y no la mía, sólo le gusta la leche y con lo ladrón que es el cuidandero.

LUCIA

Te prometo que velaré para que nunca le falte el sustento.

ANDRES

¿Y por qué no se queda aquí, no veo ningún inconveniente?

LUCIA

¡Porque cuando lo veo con su cara de majadero, me acordaré siempre que me chupó el seno, así que fuera de aquí!

ANDRES

Tienes razón. Ya hay tantos fantasmas entre nosotros, que sería penoso dormir con uno nuevo, me lo llevo enseguida. ¡Tetero! Vente que nos vamos para la finca. Por lo menos dile adiós, Lucía.

LUCIA

¡No faltaba más, a ese perro asqueroso no lo quiero ver ni en pintura!

ANDRES

Pobre cachorrito, tendré que buscarte otra mamá.

LUCIA

¿Qué locuras dices? No tienes que buscarle a nadie, conténtate con tu hijo y la madre que él tiene, ya es suficiente.

ANDRES

Mueren tantos niños en este pueblo que quedarse con los brazos cruzados es un crimen. ¡Tetero! Vente, nos vamos de aquí.

LUCIA

Regresa temprano, Andrés.

Libros de Enán Burgos publicados por Pleamar Ediciones

y disponibles en Amazon:

Del cuerpo y sus eclipses. (Español – poesía).

En casa del susurro. (Español – poesía y prosa).

Del crepúsculo con toda suerte de pájaros. (Español – poesía).

5 notas para un acordeón (Español – poesía).

Athaix toix pixel o el libro de los mensajes. (Español – poesía).

Antología del agua. (Español, poesía y prosa).

Je n'est plus un autre. (Francés – poesía).

Au kilomètre 0. (Francés – poesía).

Main dans la main. (Francés – teatro).

K.O. (Francés – teatro).

La femme escabeau. (Francés – teatro).

Otros editores:

Nudité / Desnudez. Editorial Fata Morgana. (Poesía bilingüe francés – español).

Sable. Editorial Fata Morgana. (Francés – poesía).

Mala sangre. Editorial Color Gang. (Poesía bilingüe francés – español).

Poésie libertine de chaussures. Editorial Color Gang. (Francés – poesía).

A l'aube du sacré. Editorial L'Harmattan. (Francés – poesía).

La satira del pomodoro. Editorial La stanza del poeta. (Sátira, bilingüe italiano - español)

"MADRE DE AGUA"

Publicado por Pleamar

Versión definitiva

Septiembre 13 de 2015

Domingo, día tempestuoso.

Montpellier – Francia

http://pleamareditorial.free.fr

http://enanburgos.free.fr